Liebres y Ratas, Aves y Semillas, Cactos y Árboles

Plantas y animales en interacción en
El Pinacate, Desierto Sonorense, México

Por Renaldo, tal como se lo contó a Paul Dayton

Dedicado a la gente de México por apoyar El Pinacate,
una Reserva de la Biósfera y un sitio designado Patrimonio de la Humanidad,
y a Carlos Castillo y Federico Godínez Leal
y a todo del personal del Parque
por la extraordinaria gestión de este tesoro del mundo

Dayton Publishing LLC
Solana Beach, CA 92075
publisher@daytonpublishing.com
www.daytonpublishing.com

ISBN: 978-0997003222

Queremos agradecer a los fotógrafos que generosamente
nos han permitido usar sus imágenes.
Sus nombres aparecen junto a sus fotografías.

Índice

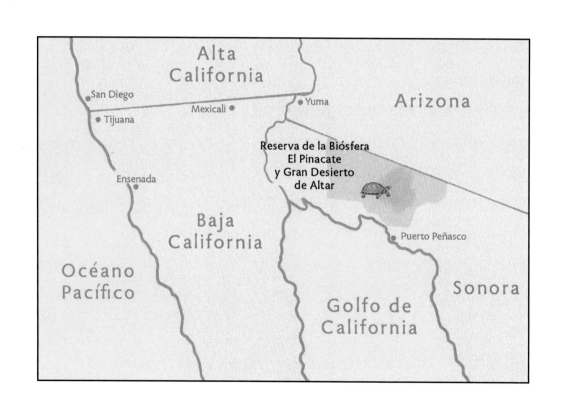

Hola, mi nombre es Renaldo.

Yo soy una tortuga del Desierto Sonorense, y vivo en la Reserva de la Biósfera de El Pinacate y Gran Desierto de Altar en Sonora, México; un sitio reconocido por la UNESCO como Patrimonio de la Humanidad. Tengo más de 80 años de edad y he vivido aquí toda mi vida. Quiero hablarte sobre algunas de las cosas que he visto.

Lluvia

Cuando vives tanto tiempo como yo he vivido, ves muchas variaciones en el clima. A veces hay largos periodos sin lluvia, llamados *sequías*. En verano, golpes breves de lluvias torrenciales llamados *chubascos*, humedecen el suelo del desierto. Y durante algunos inviernos, oscilaciones en el clima llamadas "El Niño" pueden traer largos periodos de lluvia.

Todas las plantas y animales necesitan agua para vivir. En un desierto, como El Pinacate, el agua es escasa. Por eso la lluvia, cuando llega, es realmente importante para la vida del desierto. Después de la lluvia, las plantas y animales pueden crecer de nuevo, y el árido paisaje del desierto cambia.

MEL BURKE

Así es como se ve el paisaje cuando llueve en El Pinacate después de uno larga sequía.

Choyas y lluvia

Observa *la choya*. Es un cacto muy espinoso y puede sobrevivir largos periodos sin lluvia. Como te imaginarás, este cacto cubierto con agudas espinas no es mi comida favorita. Pero soy afortunado porque cuando el clima es realmente árido y no logran crecer muchas otras plantas, puedo comer choyas, con todo y espinas. Muchos otros animales no pueden hacer eso.

La choya se ve como algodonosa a la distancia, ¡pero sus espinas son punzantes!

La choya no produce semillas para generar nuevas plantas de choya. En lugar de esto, deja caer "brotes" de la punta de sus ramas. No la clase de brotes que se convierten en flores, sólo pequeñas piezas redondas de cacto.

"Brotes" redondos caen de las ramas de la choya.

Las ráfagas de viento arrastran estos brotes de choya por el suelo. *Si* un brote llega a un lugar en el que puede echar raíces en el suelo, y *si* las raíces pueden obtener suficiente agua, y *si* nadie se come el brote, entonces crecerá. Algunos de los brotes de choya sobreviven y crecen hasta convertirse en grandes choyas que forman sus propios brotes.

El número de brotes que genera una choya puede depender de la cantidad de lluvia. Después de un periodo de lluvias que empapan bien el suelo, una choya puede producir una gran cantidad de brotes. Pero puede pasar un año o dos después de la lluvia para que esto suceda.

Algunos de los brotes de choya echan raíces y crecen.

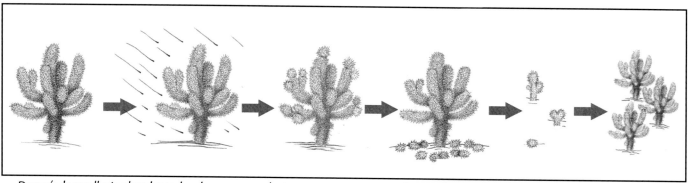

Después de una lluvia abundante, las choyas generan brotes que caen, son arrastrados por el viento y pueden crecer para generar más choyas.

Choyas, lluvia y ratas cambalacheras

Ahora que sabes cómo crece la choya, te contaré que las tortugas del desierto no son los únicos animales que comen brotes de choya. Las ratas cambalacheras también los comen.

Las ratas cambalacheras se llevan los brotes a grandes nidos llamados madrigueras. A primera vista, una madriguera puede parecer muy desorganizada. Pero es una desorganización útil.

Las ratas sólo se comen las partes carnosas de los brotes de choya. No se comen las espinas, como yo. Ellas usan las espinas filosas como protección. Ponen las espinas, y a veces también los brotes completos, en lo alto de sus madrigueras y frente a sus entradas. Los coyotes, linces u otros depredadores no se arriesgan a pisar las agudas espinas de la choya.

Ratas cambalacheras recogen brotes de choya como alimento y para defender sus madrigueras.

5

Las ratas salen de sus nidos para buscar brotes de choya y otros alimentos en la noche, cuando está oscuro. Esto es porque a los coyotes, linces, tejones y zorras les gusta comer animales pequeños que pueden atrapar. Muchos de estos depredadores buscan sus presas durante el día.

Incluso en la noche, salir al descubierto es riesgoso porque a los búhos también les gusta comerse las ratas. Así que en las noches las ratas corren apresuradas de un arbusto a otro. Se esconden en lugares que las protegen de la luz de la luna, y recogen los brotes de choya que el viento ha dispersado bajo los arbustos. Cuando caminas por el desierto durante el día, puedes ver los rastros que dejan las ratas tras ellas en su búsqueda de alimentos.

De noche las ratas van de arbusto en arbusto para evitar a los búhos, dejando "rastros" que podemos ver de día.

¿Recuerdas? Un año o dos después de un buen periodo de lluvias, las choyas comienzan a producir muchos brotes. Cuando esto sucede, las ratas tienen bastante alimento. Se ponen gordas y saludables, y tienen muchas crías. Pronto puede haber una cantidad de ratas cuatro o cinco veces mayor de la que había antes de las lluvias. Y no dejan muchos brotes de choya para que las tortugas coman.

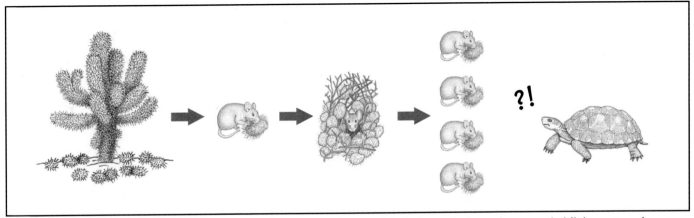

Cuando hay muchas choyas, pronto hay más ratas. Ellas consumen la mayoría de los brotes de choya y luego es más difícil encontrar alimento.

Ocotillo, liebres y choyas

Además de alimentar a animales como yo y las ratas cambalacheras, la choya ayuda a ciertas plantas a sobrevivir. Una de estas plantas es el *ocotillo*.

Cuando un ocotillo está en flor, sus largos "brazos" verdes se coronan con flores rojas. Cubiertos bajo las hojas verdes, los ocotillos como éste tienen tallos leñosos.

Cuando abunda el agua, los tallos leñosos del ocotillo están cubiertos de hojas verdes. Tiene menos hojas verdes en tiempos de secas.

Pero los tallos jóvenes del ocotillo son diferentes. Son pequeños y tiernos, no son leñosos en lo más mínimo. En esta etapa, algunos animales del desierto, como la *liebre cola negra*, se los comen. Venados, ganado y borregos se comen las ramas jóvenes del ocotillo; pero en El Pinacate, las liebres son las que más se las comen.

Los jóvenes brotes rojos que ves aquí son tiernos y fáciles de comer.

Las liebres cola negra pueden comerse los tiernos tallos del ocotillo.

9

Si ves popó, o *heces*, de liebre en el suelo alrededor de la base de un ocotillo, es una señal segura de que las liebres se han estado comiendo las nuevas ramas tiernas del ocotillo. Y si observas con cuidado justo en la base de un ocotillo, podrás ver las "cicatrices" donde los mordiscos arrancaron las nuevas ramas cuando aún eran pequeñas y suaves. Mientras que las nuevas ramas alrededor de la base de un ocotillo son engullidas, las ramas centrales tienen oportunidad de crecer altas y volverse leñosas.

Algunos ocotillos muestran "cicatrices" o muñones leñosos donde las liebres mordieron los nuevos y tiernos brotes.

Las liebres no se pueden comer las ramas leñosas. Así que cuando crece un ocotillo que ha sido comido por liebres, puede tener sólo unas pocas ramas que crecen hacia arriba. Los ocotillos que no han sido comidos por liebres se ven diferentes. Tienen, en cambio, muchas ramas más cortas que se extienden hacia afuera desde la base de la planta.

Algunos ocotillos son frondosos. Otros tienen menos ramas, quizá porque una liebre se comió las ramas externas de la planta joven.

Las flores rojas del ocotillo ondean como banderas en el extremo de los tallos leñosos. Los colibríes y las palomillas son atraídos por las flores y se beben el dulce néctar que contienen. El polen es transportado por quienes se beben el néctar. Se llevan el polen de ocotillo en ocotillo para que las flores puedan formar semillas. Algunas semillas caen directamente al suelo, otras son acarreadas lejos o dispersadas por el viento.

Las flores rojas y brillantes en la punta de las ramas del ocotillo atraen a los polinizadores voladores, como este colibrí libando néctar.

Unas cuantas semillas de ocotillo caen en buenos lugares para germinar. Si comienzan a crecer, muchas de las nuevas plantas a menudo son comidas de inmediato, mientras son aún pequeñas y suaves.

Un ocotillo joven tiene más oportunidad de sobrevivir si está protegido por una choya. Si la semilla de un ocotillo germina junto a una choya, las espinas del cacto pueden proteger a la planta pequeña y tierna para que no se la coman animales como la liebre. Y las espinas de la choya la siguen protegiendo mientras crece.

Conforme el ocotillo va creciendo, sus ramas se vuelven fuertes y leñosas, y ya no necesita mucha protección. Pero al ser más grande, el ocotillo necesita más agua. Sus raíces crecen mucho y comienzan a competir con las raíces de la choya absorbiendo el agua que la choya necesita para vivir.

Una choya protege a un ocotillo joven.

Un ocotillo protegido crece. Sus raíces compiten con las raíces de la cholla para tomar agua del suelo.

Con el tiempo, la choya que protegió a la planta joven puede morir porque ya no puede obtener suficiente agua. El ocotillo, ahora grande y fuerte, continúa creciendo en su lugar. Después de un tiempo, las termitas se comen el esqueleto leñoso de la choya muerta, o se descompone bajo la fuerte radiación solar del desierto.

A menos que hayas observado por mucho tiempo, como lo he hecho yo, no lo sabrías: Cuando ves un ocotillo, ahí probablemente hubo alguna vez una choya creciendo junto a él. La choya hizo posible que el ocotillo sobreviviera hasta que sus ramas fueran suficientemente fuertes para resistir a las liebres cola negra.

A veces el ocotillo sobrevive a la choya que lo protegió.

Si la semilla de un ocotillo cae bajo una choya,

la choya puede proteger a la planta joven de las liebres.

El ocotillo al crecer compite con la choya por el agua,

y la choya puede morir como resultado de esto.

Saguaros y "árboles nodriza"

¿Piensas que puede haber otras plantas, además del ocotillo, que pueden recibir ayuda de otras plantas o animales para poder establecerse? Si es así, ¡acertaste! Una de esas plantas es el *saguaro*.

Al comienzo del verano, si ha habido suficiente lluvia, los saguaros producen grandes flores blancas, principalmente en la punta de su tronco principal y de sus "brazos".

Las flores atraen a los murciélagos que las visitan en la noche para libar su néctar. Durante estas visitas, los murciélagos recogen polen en su pelaje. Al viajar de cacto en cacto, transportan el polen y fertilizan otras flores de saguaro para crear semillas.

DAVID HAYES

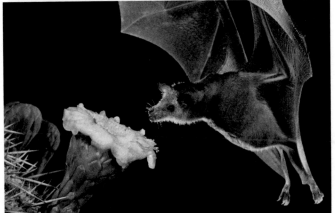

MERLINTUTTLE.COM

Saguaros en el desierto de El Pinacate

Las flores blancas del saguaro atraen murciélagos que polinizan el cacto.

Después que las semillas son fertilizadas, el saguaro produce un fruto. El fruto se abre para mostrar una pulpa negra y dulce que está llena de semillas y rodeada de color rojo que atrae a las aves. Cuando las aves se comen la pulpa, no digieren las semillas. A menudo, cuando las aves se han alimentado bien de frutos de cacto, vuelan a un árbol cercano para descansar. Mientras se sientan ahí, hacen popó, o defecan. Las semillas caen al suelo bajo el árbol. Es por eso que muchos saguaros germinan bajo otros árboles, con frecuencia bajo un palo verde, un mezquite o un palo fierro.

Las flores de saguaro producen frutos que son rojos cuando se abren.

Los frutos se abren mostrando su pulpa negra.

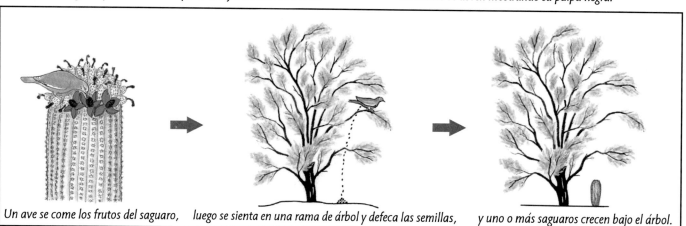

Un ave se come los frutos del saguaro,   *luego se sienta en una rama de árbol y defeca las semillas,*   *y uno o más saguaros crecen bajo el árbol.*

Estos *"árboles nodriza"* protegen al pequeño saguaro para que no se congele en el invierno, y para que no reciba demasiado sol en el verano. Así mismo, cuando las hojas de estos árboles caen al suelo, le brindan al saguaro los nutrientes que necesita para crecer. Si observas alrededor de El Pinacate, puedes ver muchos ejemplos de un saguaro y su árbol nodriza viviendo juntos. Pero después de un tiempo, esa relación puede cambiar.

Un árbol nodriza protege a un joven saguaro.

Un árbol nodriga y un saguaro comparten el espacio mientras crece el cacto.

Saguaros, árboles nodriza y muérdago

Como muchas cosas que suceden en El Pinacate, lo que sucede con un saguaro y su árbol nodriza depende del agua.

Los *palo verdes, mezquites* y *palo fierros* tienen sistemas de raíces profundas y pueden encontrar agua en lo profundo del subsuelo. Pero los árboles también dependen de las raíces cerca de la superficie que aprovechan el agua de lluvia.

Las raíces del saguaro no son profundas. Sus raíces superficiales son muy buenas para absorber agua de lluvia en la superficie antes que un árbol cercano la aproveche.

Cuando llueve, si el saguaro toma casi toda el agua disponible, su árbol nodriza se debilita. Es ahí cuando aparece el *muérdago.*

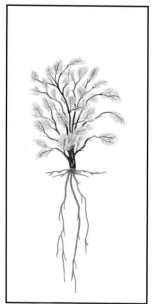

Los mezquites, palo fierros y palo verdes tienen raíces tanto profundas como superficiales.

Las raíces del saguaro se extienden cerca de la superficie.

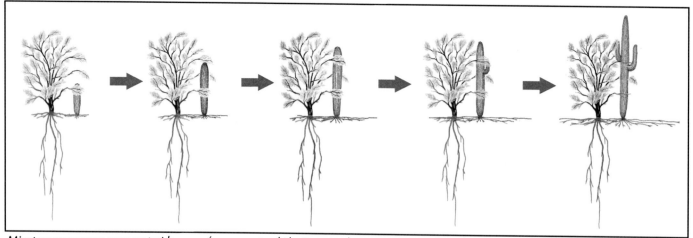

Mientras un saguaro crece protegido, sus raíces crecen también. Se extienden y compiten con las raíces del árbol nodriza por el agua de lluvia de la superficie.

El muérdago es una planta parásita. Eso significa que roba agua y nutrientes del huésped del que vive la planta. El muérdago se propaga de árbol en árbol cuando un ave se come sus bayas y luego va a otro árbol cercano y defeca en sus ramas las semillas pegajosas.

Cada semilla produce una raíz pequeña que trata de penetrar la rama. Un árbol saludable tiene savia que expulsa la raíz del muérdago afuera de la rama antes de que pueda comenzar a crecer y robarle agua y nutrientes. ¿Pero qué sucede si un árbol ya está débil porque un saguaro compite con él por el agua? El árbol debilitado no produce tanta savia y es más fácil que un muérdago penetre sus ramas. Le roba agua y nutrientes y comienza a crecer.

Un ave se come las bayas del muérdago y dispersa las semillas en otros árboles cercanos.

Las semillas pegajosas del muérdago caen en una rama de un árbol huésped y echa raíces para penetrar el árbol.

Nuevas plantas de muérdago comienzan a crecer de las semillas que han penetrado.

Una vez que el muérdago comienza a crecer en el árbol, la planta usa el agua y los nutrientes que roba al huésped para formar ramas y generar bayas. Las aves se comen las bayas y defecan más semillas en las ramas del árbol nodriza. El árbol debilitado no puede defenderse contra todas estas semillas. Pronto, el árbol está cubierto de muérdago.

Finalmente, las plantas de muérdago toman tanta agua y nutrientes que el árbol nodriza muere. Cuando el árbol muere, el muérdago muere también, por supuesto, pues ya no puede obtener agua y nutrientes del árbol. Pero si el saguaro ya es grande y fuerte cuando el árbol nodriza muere, el saguaro sobrevive.

Después de un tiempo, el árbol muerto se cae y el cacto queda solo. Cuando ves un saguaro solitario en El Pinacate, o un grupo de saguaros juntos, recuerda que el cacto puede haber tenido alguna vez un árbol nodriza que lo ayudó a comenzar a crecer.

Una vez que el muérdago tiene bayas, las aves se las comen y luego crecen más plantas de muérdago.

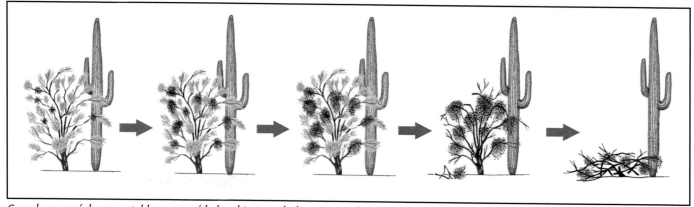

Cuando un muérdago se establece en un árbol nodriza, puede dispersarse y dominar, especialmente si el árbol está debilitado por la competencia por el agua.

Saguaros, árboles nodriza, ratas e infecciones

He vivido mucho tiempo y prestando atención. He visto que la historia de un saguaro y su árbol nodriza no siempre termina de la misma manera. ¿Recuerdas la choya y las ratas cambalacheras?

Si hay suficiente lluvia para que la choya pueda producir muchos brotes, habrá mucha comida para las ratas y pronto habrá muchas ratas. Una de ellas puede hacer un nido bajo el árbol nodriza mientras aún está saludable. ¡La rata cambalachera puede trepar el árbol, correr por una rama que toca al saguaro y comer un pedazo de cacto haciendo un hoyo! O puede ampliar un hoyo que haya perforado un pájaro carpintero.

Si una rata trepa por el tronco de un árbol nodriza, puede roer un hoyo en el saguaro.

Si una rata hace un hoyo en el saguaro, las moscas de la fruta y otros insectos pueden venir a tomar humedad de la herida. Y los insectos pueden traer bacterias que infectan al saguaro y pueden incluso matarlo. El cacto muerto finalmente caerá y tú podrás ver el esqueleto junto al árbol nodriza sobreviviente.

Si una herida hecha por una rata cambalachera se infecta, la infección puede matar al saguaro. El cacto se cae y se descompone dejando sólo su esqueleto.

Liebres, saguaros y lluvia

Después de un periodo húmedo hay muchas plantas verdes y tiernas, y las liebres tienen mucho que comer. Tienen más crías, y la población de liebres aumenta. Los machos adultos se tornan territoriales. Esto significa que protegen el espacio que necesitan para alimentarse y sostener una familia. A veces esto implica pelear con otras liebres machos para defender el territorio.

Pero más frecuentemente las liebres sólo marcan su territorio excavando hoyos someros, especialmente en partes elevadas del terreno. Orinan y defecan en estos hoyos. Cada macho puede excavar varios hoyos, espaciados para marcar su territorio.

Los hoyos así marcados son una forma de decir "Este espacio está tomado. Las plantas de aquí son para que yo las coma. Vete a encontrar un comida en otro lugar".

Una liebre puede "boxear" con otra para defender su territorio.

Cuando hay muchas liebres, los machos adultos excavan hoyos someros para marcar su territorio.

El tiempo transcurre, y el desierto se seca nuevamente. Como no hay mucha lluvia, las plantas no crecen mucho. Quedan muchas liebres aún vivas desde los tiempos más húmedos, pero la cantidad de alimento ahora es limitada. Cuando las liebres hambrientas se comienzan a desesperar por agua y alimento, empiezan a consumir los pequeños saguaros. Para obtener nutrientes y humedad almacenada, roen tan alto como pueden llegar.

Si las liebres dejan suficiente tejido verde del saguaro conectado a las raíces, el saguaro puede continuar creciendo. Pero a veces la conexión se pierde por completo. El agua no alcanza a llegar desde las raíces a las partes verdes del saguaro que están creciendo, y los alimentos elaborados en la parte superior tampoco llegan a las raíces. El saguaro muere.

En tiempos secos, sin mucho que comer, las liebres no viven tanto y tienen menos crías. ¿Pero recuerdas los hoyos que los machos cavaron y marcaron con orina y excremento cuando había muchas más liebres? Bueno, el caso es que con el tiempo el viento arrastra semillas de muchas plantas del desierto dentro de los hoyos.

Cuando las lluvias finalmente regresan, los hoyos se llenan de agua. Ahora tenemos nutrientes, semillas y agua, todo junto. ¿Qué crees que pasa entonces?

Si miras en detalle podrás ver que este saguaro todavía mantiene una franja verde viva que conecta la parte superior del cacto con las raíces.

Este saguaro ha muerto porque no quedó ninguna conexión entre las raíces y la parte superior de la planta.

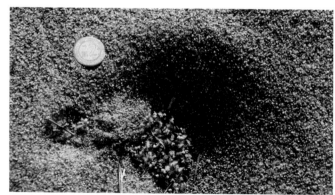

El viento ha acarreado semillas hacia este hoyo de liebre.

El agua de las lluvias se ha acumulado en este hoyo de liebre.

¡Eso es! Las semillas echan raíces y crecen, creando nuevas áreas o parches de plantas verdes y tiernas. Y una vez que se genera un parche de vegetación, puede crecer en tamaño más allá del hoyo.

Parches de vegetación que comenzaron en hoyos de liebres.

Estos parches de vegetación son buenos para mí porque hay mucha comida para una tortuga del desierto en cada agrupación de plantas. Al generar estos parches, las liebres ayudan a producir alimento para otros animales. Ésta y otras interacciones entre plantas y animales son importantes para el ecosistema del desierto: todas las plantas y animales que verás cuando nos visites en El Pinacate.

Los parches de vegetación crecen más allá del hoyo de liebre en el que comenzaron.

Las liebres marcan su territorio con hoyos en los que depositan orina y heces.

El viento acarrea semillas a los hoyos. La lluvia agrega agua.

Con el fertilizante natural y el agua, las semillas dan nuevas plantas.

Las plantas crecen en los hoyos y se extienden fuera de ellos.

PIXY2000

Ahora sabes algo sobre mi hogar en el desierto de El Pinacate:

• La *lluvia* es muy importante en este desierto. Con más lluvia, las *choyas* producen más brotes, y más plantas verdes y tiernas germinan y crecen. *Página 4*

• La cantidad de brotes de choya que el viento acarrea determina cuántos brotes habrá disponibles para las *ratas cambalacheras*, y para mí, y cuántas nuevas chollas crecerán. *Página 7*

• El número de choyas determina cuántas plantas jóvenes de *ocotillo* podrán crecer protegidas del sol y del frío, y de ser comidas por las *liebres cola negra* y otros animales. *Página 14*

• La germinación y el crecimiento de muchas otras plantas produce alimento para las liebres; y de esa manera, la lluvia determina cuántas liebres habrá. *Página 23*

• El número de liebres determina cuántos *hoyos* excavarán para marcar su territorio, y cuántos *parches* de nuevas plantas crecerán en esos hoyos cuando las lluvias regresen. *Página 26*

Mientras exploras, espero que puedas ver a través de mis ojos:

• Cuando veas un ocotillo con sus muchas ramas abiertas, piensa en la choya que lo protegió de pequeño. Si ves un ocotillo erecto y alto, piensa en la liebre que ramoneó sus ramas jóvenes. *Página 8*

• Cuando veas un saguaro alto y solitario, recuerda que alguna vez un árbol nodriza lo protegió de pequeño. *Página 17*

• Si ves un esqueleto de saguaro tumbado en el suelo, quizá sea resultado de que una rata cambalachera haya roído su tallo, permitiendo la entrada de una infección. *Página 21*

• Si ves un saguaro que ha sido roído tan alto como una liebre puede llegar, comprende que las condiciones del clima y los cambios en la población de liebres llevaron a una escasez de plantas comestibles. Las liebres deben haber estado muy hambrientas para atacar a un saguaro. *Página 24*

Por favor visita El Pinacate con frecuencia. Observa a tu alrededor. Hay mucho más que aprender aquí. Si tienes suerte, quizá me veas a mí, o a alguna otra tortuga. Planeamos estar por aquí por un buen rato.

Acerca del Autor:

Renaldo, una tortuga del Desierto Sonorense, vive en la cima del Volcán Salvatierra, desde donde puede observar bien los cambios y procesos que tienen lugar en su ecosistema desértico, El Pinacate, a lo largo de varias décadas. Carente de dedos, una cámara y una computadora, reclutó a Paul Dayton, un biólogo visitante, para contarle su historia.

Made in the USA
San Bernardino, CA
09 November 2017